# VIVIENDA E INTERVENCIÓN SOCIAL

**Octavio Vázquez Aguado**
**Fernando Relinque Medina**
(Coordinadores)

# VIVIENDA
# E INTERVENCIÓN SOCIAL


**Octavio Vázquez Aguado**
**Fernando Relinque Medina**
(Coordinadores)

*Autores:*

Eva María Juan Toset
Eva Sotomayor Morales
Raquel Martínez Chicón
Antonia Olmos Alcaraz
Belén Lorente Molina
Carlos Vladimir Zambrano
José Luís Sarasola Sánchez Serrano
Evaristo Barrera Algarín
Alejandro Orgambídez Ramos
Yolanda Borrego Alés
Pablo Álvarez Pérez
Manuela A. Fernández Borrero
Mercedes González Vélez
Pilar Blanco Miguel
Cinta Martos Sánchez
Fernando Relinque Medina
José Andrés Domínguez Gómez
Juan Antonio Domínguez Álvarez
Octavio Vázquez Aguado



Dykinson, S.L.

Este libro ha sido sometido a evaluación por parte de nuestro Consejo Editorial.
Para mayor información, véase www.dykinson.com/quienessomos



Editorial DYKINSON, S.L.
Meléndez Valdés, 61 - 28015 Madrid
Teléfono (+34) 91544 28 46 - (+34) 91544 28 69
e-mail: info@dykinson.com
htt://www.dykinson.es http://www.dykinson.com

ISBN: 978-84-9085-843-1
Depósito Legal: M. 22.028-2016

# ÍNDICE

# PRESENTACIÓN

El derecho a la vivienda aparece recogido en el artículo 47 de la Constitución Española dentro del título de derechos y deberes fundamentales de los ciudadanos, aunque en el capítulo III relativo a los principios rectores de la política social y económica. Pero es su función social la que dota de importancia singular a la posibilidad o no de gozar de una vivienda puesto que, su ausencia, constituye una importante limitación para la satisfacción de otros derechos fundamentales reconocidos en nuestra Carta Magna (Abraci, 2008). Por tanto, la vivienda se erige como un elemento fundamental para el bienestar, la integridad y cohesión social de la población.

A lo largo del siglo XXI hemos asistido en España a una transformación radical del concepto de la vivienda, pasando de derecho a bien de inversión en un contexto de creciente especulación económica que ha derivado en la mayor crisis inmobiliaria de la historia española (Toset, 2012). Un sobredimensionamiento de la vivienda en propiedad frente a la vivienda de alquiler (Leal-Maldonado, 2010; Inurrieta, 2010), la demanda creciente de vivienda protegida a raíz de la crisis económica tras el estallido de la burbuja inmobiliaria, el aumento del stock de viviendas vacías en el territorio español contraviniendo la función social de la propiedad de la vivienda (Fundación 1º de Mayo, 2014) han sido las consecuencias de este modelo en torno a la vivienda.

Esta crisis, además, ha supuesto un agravamiento del acceso a la vivienda de una parte significativa de la población que ha visto dificultado su derecho a la misma por no poder atender las obligaciones de una hipoteca en un contexto de crisis económica, desempleo, pérdida de salario y recortes en políticas públicas motivados por la austeridad. Todo ello ha conllevado un cambio en las dinámicas de compra-venta y alquiler de inmuebles y ha supuesto un desafío para la política social en esta materia, que no es capaz de garantizar la consecución de este derecho fundamental y atender las necesidades sociales que de él se derivan (Aguerri, 2012). Añadamos a ello el acuciante deterioro tanto físico como social de las promociones de viviendas sociales que dificultan la integración y profundizan en la estigmatización social de la población más vulnerable (Cortés-Alcalá, 2005), la elevada morosidad en las viviendas públicas de alquiler y la repercusión de procedimientos monitorios de desahucio, evidencian la necesidad de una reconceptualización en el modelo de gestión del parque público de viviendas.

El presente libro asume el reto de trazar las bases de un modelo de gestión de viviendas sociales partiendo de los resultados de un análisis en profundidad realizado en las promociones de viviendas sociales en Andalucía involucrando cuatro áreas de análisis: contexto sociodemográfico, gestión e intervención pública, aspectos arquitectónicos y urbanísticos y la incidencia de los mismos en el riesgo social. Este abordaje requiere contar con todos los actores que intervienen en el proceso de adjudicación de las viviendas públicas: profesionales, responsables públicos, beneficiarios...

Este modelo multidimensional pretende comprender de manera integral y parsimoniosa las realidades que definen las promociones de vivienda sociales. Integral, en cuanto que aspira a analizar de manera conjunta los distintos aspectos que afectan a la realidad actual de las viviendas sociales en relación a las dimensiones analíticas descritas. Parsimoniosa, en cuanto que aspira a explicar esa realidad multidimensional con un esfuerzo científico-técnico lo suficientemente potente como para ofrecer resultados válidos y fiables, pero sin perder de vista un importante requisito de eficiencia, que repercuta positivamente en la usabilidad, adaptabilidad y replicabilidad del modelo.

En el primer capítulo de este libro, Eva Juan Toset hace una aproximación a los factores que han influido en las políticas de vivienda en el marco de la Unión Europea hasta reconocer a la misma como un servicio social de interés general. En el segundo, Eva Sotomayor repasa la legislación española y andaluza en materia de vivienda protegida, realizando una revisión histórica de las políticas y medidas legislativas sobre las viviendas sociales así como de los aspectos más polémicos de su implementación y desarrollo. En el tercero de los capítulos, Raquel Martínez y Antonia Olmos repasan el fenómeno complejo y multifactorial de la exclusión residencial poniendo de manifiesto la importancia e intencionalidad del espacio y su apropiación, en tanto vivienda y alojamiento, y la necesidad de contemplar la interseccionalidad en el análisis de la realidad y la planificación de las políticas públicas en materia de vivienda.

Por otro lado, Belén Lorente y Carlos Zambrano abordan la relación entre ciudadanía y vivienda para presentar una visión operativa de las políticas públicas de vivienda con arreglo a las posibilidades de intervención y ayuda social, función que aglutinan los trabajadores sociales. Esta intervención de los trabajadores sociales, especialmente en el ámbito de los desahucios, es analizada por José Luís Sarasola y Evaristo Barrera, que repasan en su capítulo la complejidad de esta intervención a la luz del marco legal español y andaluz.

Los capítulos que vienen a continuación, desde el sexto hasta el décimo primero, abordan de manera directa algunos de los resultados de investigación del proyecto de Modelización socioespacial de la intervención social en viviendas sociales en Andalucía. En el capítulo sexto, Alejandro Orgambídez y Yolanda Borrego ... analizan el perfil de las personas que habitan las viviendas del parque público en Andalucía, la percepción que tienen de la cohesión del vecindario, la satisfacción con la vivienda y el entorno, y la percepción de tienen de la problemática social. En el séptimo, Pablo Álvarez y Manuela Fernández estudian la relación entre gestión de parque público de viviendas y diversidad atendiendo al análisis de la población gitana y marroquí que acceden a este tipo de viviendas en Andalucía; todo ello en un contexto de superdiversidad que supera la noción común de gestión de la diversidad al uso. En el siguiente capítulo, Mercedes González, Pilar Blanco y Cinta Martos analizan, de manera específica, el papel del Trabajo Social en el proceso de gestión de los parques públicos de vivienda estudiando los problemas principales a los que se deben enfrentar estos profesionales y las estrategias empleadas para su superación. Entre estas estrategias, la mejora de la coordinación entre profesionales e instituciones afectadas por la gestión del parque público de viviendas se nos presenta como una de las vías fundamentales para desarrollar acciones más eficaces, tal y como expone Fernando Relinque en el capítulo noveno dedicado al análisis de la coordinación interinstitucional. En el capítulo diez José Andrés Domínguez, Juan Antonio Domínguez y Fernando Relinque proponen una metodología novedosa para el estudio de las dimensiones contextual, urbanística y arquitectónica de las promociones de vivienda pública al objeto de elaborar un índice de riesgo social que ofrezca información suficiente a la hora de determinar dónde ubicar o no una promoción de vivienda social. Por último, en el capítulo que cierra el libro, Octavio Vázquez y Fernando Relinque abordan las estrategias principales para desarrollar un nuevo modelo de gestión del parque público de vivienda.

No quisiéramos finalizar esta breve presentación sin mostrar nuestro agradecimiento a todos los autores y autoras que han participado en el libro y que han sido, a su vez, miembros del equipo de investigación del proyecto Modelización socioespacial de la intervención social en viviendas sociales en Andalucía. Mostramos también nuestro agradecimiento a la Consejería de Fomento y Vivienda de la Junta de Andalucía que financió este proyecto en su convocatoria de I+D del año 2013.

Octavio Vázquez Aguado y Fernando Relinque Medina
Universidad de Huelva

## REFERENCIAS BIBLIOGRÁFICAS

Abraci, S. (2008). Hacia la construcción de un discurso sobre la inmigración en las ciudades del sur de Europa. La política urbanística y de vivienda como mecanismos estructurales de marginación étnica residencial. *Arquitectura, ciudad y entorno* 8, 11-38.

Aguerri, P. (2012). Nuevas alternativas de vivienda social. *Servicios sociales y Política Social.* 97, 21-36.

Cortés Alcalá, L. (2005). La crisis de la vivienda. *Documentación social. 138*, 81-100.

FUNDACIÓN 1º DE MAYO (2014) *La vivienda como bien de interés general*. Colección Informes nº90.

Inurrieta, A. (2010). Emancipación y políticas de vivienda dinamizadoras en España. En Mulas-Granados, C. (coord.), *El Estado dinamizador. Nuevos riesgos, nuevas políticas y reforma del Estado de Bienestar en Europa*. Madrid. FIIAPP. Universidad Complutense de Madrid.

Juan Toset, E. (2012). La política de vivienda en Europa. Consideraciones desde la perspectiva de los Servicios Sociales de interés general. Cuadernos De Trabajo Social, *25*(2), 451-459. doi:10.5209/rev_CUTS.2012.v25.n2.39629.

Leal Maldonado, J. (2010). La formación de las necesidades de vivienda en la España actual. En Leal-Maldonado, J. (coord.) *La política de vivienda en España*. Madrid. Editorial Pablo Iglesias.

The authors would like to thank the ERDF of European Union for financial support via project «Proyecto de Modelización socioespacial de la intervención social en viviendas sociales en Andalucía» of the «Programa Operativo FEDER de Andalucía 2007-2013». We also thank all Public Works Agency and Regional Ministry of Public Works and Housing of the Regional Government of Andalusia staff and researchers for their dedication and professionalism.

# Capítulo 1

# PERSPECTIVA EUROPEA EN MATERIA DE VIVIENDA SOCIAL. CONSIDERACIONES DESDE LA LUCHA CONTRA LA POBREZA Y LA EXCLUSIÓN SOCIAL

EVA MARÍA JUAN TOSET
*UNIVERSIDAD DE GRANADA*

**Sumario:** 1. Introducción: el derecho humano a una vivienda digna como elemento para la cohesión social. 2. Trayectoria de la vivienda social en la unión europea. 3. La vivienda social en el contexto de los servicios sociales de interés general. 4. Conclusión: retos para la política de viviendas sociales en Europa. 5. Referencias bibliográficas.

## RESUMEN

La situación actual de la vivienda social no puede ser entendida sin tener en cuenta una serie de elementos de análisis que se retroalimentan y que van desde un estudio de las políticas en materia de vivienda pública hasta una reflexión sobre el papel que, la vivienda social, posee en la lucha contra la pobreza y la exclusión social.

Por estas razones, el presente capítulo hace una aproximación a aquellos factores que han influido en la trayectoria de las políticas de vivienda, introduciendo los derechos humanos y la perspectiva europea como ejes vertebradores, hasta llegar al reconocimiento que, desde los servicios sociales de interés general no económicos, posee la vivienda. Aspectos fundamentales para contemplar la vivienda social como un elemento integrador de las personas, principios fundamentales para el ejercicio de profesionales de la intervención social y la responsabilidad de los gestores de políticas públicas orientadas a la cohesión social.

## 1. INTRODUCCIÓN: EL DERECHO HUMANO A UNA VIVIENDA DIGNA COMO ELEMENTO PARA LA COHESIÓN SOCIAL

Lejos de introducir el debate sobre los Derechos Humanos (a partir de ahora DDHH) y huyendo de una presentación hegemónica, que ignora el papel de la costumbre o que se puede llegar a vincular con las reglas universales del mercado capitalista, proponemos el marco de los DDHH como la posibilidad de obtener una perspectiva integral y compleja de las realidades que giran en torno a la vivienda, que permita entender la vivienda como un derecho de los seres humanos a vivir dignamente y de forma adecuada, en un marco que permita la compatibilidad con diferentes posiciones éticas, religiosas o culturales, además de favorecer la transcición de las necesidades humanas a los derechos humanos en los análisis que, desde el trabajo social, se hacen de las situaciones con las que intervenimos cotidinamente (Casas, 2005).

En este sentido, el reconocimiento de la vivienda como elemento integrante del derecho a un nivel de vida adecuado por parte de la Oficina del Alto Comisionado de las Naciones Unidas para los Derechos Humanos, supone *«el derecho humano a una vivienda adecuada es el derecho de toda mujer, hombre, joven y niño a tener y mantener un hogar y una comunidad seguros en que puedan vivir en paz y con dignidad»* [1]. En este sentido, el derecho a la vivienda se considera como el derecho a vivir en seguridad, paz y dignidad debido, principalmente, a dos razones. En primer lugar, porque el derecho a la vivienda está vinculado por entero a otros derechos humanos, lo que requiere que el término vivienda se interprete teniendo en cuenta otras consideraciones, fundamentalmente que el derecho a una vivienda se debe gartantizar a todos, sean cuales fueren sus ingresos o su acceso a recursos económicos. En segundo lugar, entender la vivienda como la posibilidad de disponer un espacio adecuado, seguridad adecuada, iluminación y ventilación adecuada, una infraetsructura básica adecuada y una situación adecuada en relación al trabajo y los servicios básicos, todo ello con un coste razonable y accesible.

El concepto de adecuación es un elemento a tener en cuenta en las reflexiones que se realizan sobre la vivienda, y lo es porque sirve para subrayar una serie de factores que hay que tener en cuenta al determinar si algunas formas de vivienda con las que nos encontramos en al análisis de las políticas públicas favorecen la dignificación de sus habitantes o, si los espacios urbanos donde residen los ciudadanos son contextos territoriales que fomentan la inclusión social o la seguridad, entre otros.

---

[1] Los detalles relativos al mandato del Relator Especial de la ONU en materia de vivienda pueden ser consultados en la web http://www2.ohchr.org/spanish/issues/housing/index.htm

Un aspecto fundamental del derecho a una vivienda adecuada desde la perspectiva de los derechos relacionados con el habitat, es que este derecho no puede desvincularse de otros tales como la dignidad humana, el principio de no discriminación, la libertad de expresión y de asociación, de elegir la residencia o de participar en la toma de decisiones. Derechos que se encuentran relacionados con los procesos de inclusión social, el concepto de ciudadanía o de corresponsabilidad, pero que fundamentalmente aseguran, a través de su consolidación, la sostenibilidad de las actuaciones que, sobre materia y territorio, se realizan dentro de las políticas de vivienda.

El primer informe sobre la vivienda adecuada como elemento integrante del derecho a un nivel de vida adecuado, y sobre el derecho a la no discriminación en este contexto data del año 1986[2], pero no será hasta abril de 2000 cuando se establezca el mandato del Relator Especial, establecido inicialmente por la Comisión de Derechos Humanos.

A pesar de aceptar que la adecuación de la vivienda viene determinada por factores sociales, económicos, culturales, etc., propios del contexto desde el que analizamos las diferentes situaciones relacionadas con la vivienda, se considera que, aun así, es posible identificar algunos aspectos de ese derecho que deben ser tenidos en cuenta a estos efectos. Entre ellos figuran: a) la seguridad jurídica de la tenencia; b) la disponibilidad de servicios, materiales, facilidades e infraestructura; c) los gastos soportables; d) la habitabilidad; e) la accesibilidad; f) el lugar, y g) la adecuación cultural (Juan, 2012).

A principios de diciembre de 2006 el Relator Especial realizó una visita a España para elaborar un informe sobre la situación del derecho a una vivienda adecuada. En dicho informe señalaba, como uno de los elementos más significativos de la política de vivienda en nuestro país, en comparación con otros países de la UE, la prioridad asignada al modelo de propiedad de la vivienda, en detrimento de otros instrumentos tales como la política impositiva o los planes de vivienda pública. Un análisis que en ese momento apuntaba a la necesidad de reflexionar sobre el funcionamiento del mercado, el modelo de propiedad de la vivienda y recomendaba adoptar una política nacional de vivienda amplia y coordinada, basada en los derechos humanos y en la protección de los más vulnerables (Kothari, 2008).

Los grupos de población con mayores problemas en materia de vivienda detectados en la misión a España eran las mujeres, jóvenes, ancianos, personas con discapacidad, comunidades romaníes (gitanos), migrantes y las personas sin hogar. Además se señalaban, entre otros, los siguientes aspectos: a) la necesaria reflexión sobre las políticas económicas y sociales con un necesario enfoque de la vivienda y suelo basado en los derechos humanos; b) el reconocimiento de la vivienda como un simple bien de consumo «que se compra y se vende», a pesar de que en las disposiciones de la Constitución Española se reconoce la vivienda como un derecho básico; c) la idoneidad de adoptar polí-

[2] Información disponible en: http://ap.ohchr.org/documents/dpage_s.aspx?s=35

ticas nacionales de vivienda con un carácter integral y coordinado, basado en los derechos humanos y en la protección de los más vulnerables, incorporando políticas sociales en todos los planes sobre urbanismo y vivienda; d) la primacía otrogada al modelo de vivienda en propiedad y las consecuencias negativas para la realización del derecho a una vivienda adecuada y, e) la urgencia de aumentar la oferta de viviendas de alquiler mediante la construcción de viviendas de alquiler más accesibles y la consolidación de un parque de viviendas de arrendamiento gestionado don fondos públicos para atender a la demanda de la población de bajos ingresos y garantizar a los inquilinos la seguridad de lso contratos de arrendamiento (Kothari, 2008: 26-30).

Desde el año 2008, fecha en la que se realiza el Informe del Relator Especial, hemos podido observar las consecuencias que ha tenido la actual crisis económica sobre la adquisión de crédito de viviendas de propiedad y las situaciones de vulnerabilidad a las que se ha llegado debido, principalmente, al sobreendeudamiento de los particulares y la disminución de ingresos por el desempleo y otras circunstancias derivadas de la conyuntura económica, que han reducido la capacidad para hacer frente al pago de las cuotas de los préstamos hipotecarios [3]. Pero, además, hemos contemplado cómo las políticas de vivienda han mantenido su tendencia basada en la promoción de viviendas en régimen de propiedad frente a viviendas sociales en alquiler destinadas a compensar los desequilibrios del mercado y cubrir las necesidades de una vivienda adecuada de los grupos vulnerables y en riesgo de exclusión social.

Así, en el Informe del Defensor del Pueblo, *Crisis Económica y deudores hipotecarios: actuaciones y propuestas del Defensor del Pubelo*[4], publicado en 2011, se señala que la vivienda «es un derecho social imprescindible para desarrollar otros derechos constitucionales como el derecho al libre desarrollo de la personalidad (art. 10.1 CE), el derecho a la intimidad (art. 18 CE) y, en suma, el derecho a la libertad (art. 17 CE). Esta conexión entre el derecho a la vivienda y otros derechos sociales hace que el carácter «digno y adecuado» de la misma deba definirse a partir de su relación con el resto de derechos tutelados por el ordenamiento y con las diferentes declaraciones convenios sobre derechos humanos. Es un derecho que se configura a través de las más diversas perspectivas jurídicas (civil, hipotecaria, urbanística, financiera, fiscal, etc.)».

Estos colectivos prioritarios y las necesidades observadas en relación a la vivienda como elemento integrante del derecho a un nivel de vida adecuado coinciden con los análisis realizados con posterioridad por las relatoras especiales en los años 2012 y sucesivos (Rolnik, 2012 y Farha, 2014), así como otros documentos realizados por instituciones y organizaciones (Defensor del Pueblo Andaluz, 2014) donde las situaciones se han agravado a raiz de la cri-

---

[3] www.defensordelpueblo.es

[4] *Idem*

sis económica, el incremento de los trabajadores pobres, el retroceso de la intervención pública, el avance del mercado financiero o el incremento de desigualdades en el acceso a una vivienda digna con especial atención a fenómenos como la pobreza energética o las condiciones de habitabilidad.

Sin embargo, y a pesar de lo expresado hasta el momento, haber entendido la vivienda como un bien de consumo, un hito en los procesos vitales de los individuos relacionados con el poder adquisitivo o con un determinado status social, ha convertido a la vivienda en un «lujo» inaccesible para algunos, e imposible de mantener para otros. Un ejemplo de cómo los derechos humanos se han convertido en lenguaje de la dignidad humana, conviviendo con una realidad alarmante, donde «existe una mayoría de la población mundial que no es sujeto de derechos humanos, sino el objeto de los discursos de los derechos humanos» (Sousa Santos, 2014).

En este sentido, cabe concluir que no concebir la vivienda como un derecho supone seguir privando de una vida digna a cada vez más ciudadanos y eso debiera servir de reflexión sobre la importancia de comenzar a contemplar la vivienda como un derecho humano, como una necesidad básica, como un problema social que tiene nombre propio, el de hombres, mujeres y niños que no pueden desarrollar su vida en un hogar … *«en el sueño de un hogar»* (Olea-Ferreras, 2012: 44) y preguntarse si los derechos humanos y su materialización normativa y/o legislativa, son eficaces en la lucha de los excluidos, pobres o discriminados.

## 2. TRAYECTORIA DE LA VIVIENDA SOCIAL EN LA UNIÓN EUROPEA

Si en el contexto de los derechos humanos en materia de vivienda hemos podido aproximarnos a la situación actual sobre el derecho a una vivienda adecuada y el debate que gira en torno a estas obligaciones, la situación sobre la vivienda social en la Unión Europea no es mucho más alentadora.

El derecho a la vivienda está unido a la lucha contra la pobreza y la exclusión social, y su regulación en la Carta de los Derechos Fundamentales de la Unión Europea no es la única referencia en este sentido. Siguiendo las aportaciones hechas por Durán (2013) en su análisis sobre derechos sociales y políticas sociales, el Tratado de la Unión Europea (TUE), el Tratado de Funcionamiento de la Unión Europea (TFUE) o la Carta Social Europea revisada, recogen también esta relación directa. Desde el propio Comité Europeo de Derechos Sociales (CEDS) se ha especificado el sentido de la vivienda adecuada concretando las obligaciones de los Estados para asegurar el acceso a la vivienda de toda persona.

A pesar de esta protección, desde la década de 1970, estamos observando un drástico cambio en las políticas de vivienda en la que se ha generalizado la opinión de que los gobiernos deben renunciar a su papel de proveedores de viviendas sociales, asequibles y adecuadas a las necesidades de las personas para convertirse en facilitadores que apoyan la demanda del mercado en lugar de proporcionar la oferta necesaria. Este nuevo papel tiene como escenario el incremento del apoyo a la propiedad en detrimento del alquiler social (Doherty et al., 2005).

La evolución de las políticas de vivienda en la Unión Europea poseen trayectorias históricas bien diferenciadas. En este sentido, siguiendo a M. Lachambre (en Trilla, 2001) refiriéndose a la citada perspectiva histórica sobre los modelos de gestión, afirmaba que España podría ubicarse en el denominado «*sistema político*», donde los parques sociales de vivienda se han abstraído de las realidades económicas en las diferentes etapas financieras. Su finalidad ha sido ofrecer una vivienda de alquiler siguiendo criterios estrictamente políticos, sin ninguna referencia económica, fijando los precios de una forma arbitraria, pactada entre las partes, o con una visión política. Así, las cuantías de las rentas exigidas por el Estado se encontraban, en la mayoría de las ocasiones, muy por debajo de la media del mercado y quedaban fijados al margen de los ingresos familiares.

En segundo lugar podemos observar el «*sistema económico*», donde los objetivos políticos se centran en encontrar un equilibrio entre alquileres y capacidad económica de la población residente, con la garantía de disponer, continuadamente, del parque cuantitativamente necesario. Esta modalidad corresponde a Alemania, Austria, Holanda, Dinamarca y Reino Unido desde 1988.

Los actores que actúan en ambos modelos también son diferentes. En el «*sistema político*» son sociedades que gestionan, como concesionarios, el parque de alquiler (Reino Unido, Irlanda y Luxemburgo) o instituciones públicas que dependen del Estado (Portugal), comunidades autónomas (España) o municipios (Italia). En el caso del «*sistema económico*» los actores son sociedades de vivienda sin ánimo de lucro, independientes de los poderes públicos o sociedades de vivienda, y con niveles de dependencia variables con respecto a los municipios (Trilla, 2001).

En los últimos diez años este sistema ha observado múltiples deficiencias en relación a la gestión y administración de los parques de vivienda, lo que ha llevado a, por un lado, vender las viviendas a los inquilinos para liberar al sector público de un patrimonio muy costoso de mantener y con altos índices de endeudamiento de los arrendatarios. Y, por otro, substituir la fijación política de las rentas de alquiler por unos mecanismos que garanticen un equilibrio de explotación. Además de lo mencionado hasta ahora, y en relación con el sector social del alquiler, desde la década de los 80, se han sucedido reajustes progresivos en las políticas generales, caracterizadas por una reducción importante de la intervención pública; las ayudas estatales directas para el alquiler están reduciéndose, mientras que las ayudas para el acceso a la propiedad se incrementan. Modificaciones, en definitiva, que se están experimentando en la inversión, la forma de gestión, la fijación de los alquileres, políticas de venta y la propia evolución demográfica de los residentes.

Las principales problemáticas detectadas en las aglomeraciones de viviendas sociales son, entre otras: (i) mala gestión financiera y gasto público excesivo; (ii) mala conservación de los edificios; (iii) creación de sectores marginales de desempleados de larga duración y personas mayores; (iv) concentración creciente de colectivos con rentas bajas y trabajadores pobres; (v) intervenciones públicas sectorializadas; (vi) desaparición del tejido empresarial y comercial con difícil regeneración de los mismos; (vii) falta de recursos orientados a una intervención integral; etc. (Trilla, 2001; Mira, 2001).

El problema de la vivienda es complejo y con dificultades comunes en muchos de los Estados miembros. El descenso de la demanda de la vivienda familiar tradicional, la presencia cada vez mayor de familias monoparentales y hogares unipersonales, el envejecimiento de la población autóctona por una parte y el incremento de inmigrantes por la otra, son dos factores que demandan con fuerza un cambio de oferta. Finalmente, en las grandes ciudades, los precios del mercado inmobiliario (que en la última década, han experimentado un crecimiento constante en casi todos los países de la UE), no sólo han llevado a mermar la capacidad de consumo de los hogares, sino que también han incidido sobre temas sociales y de desarrollo (Roma, 2007).

Así, aunque la vivienda ha sido uno de los pilares del Estado de Bienestar en muchos países europeos y, desde los últimos años, se ha comenzado a contemplar como un servicio social de interés general, lo cierto es que está siendo objeto de una tendencia del Estado a reducir la provisión de las mismas y a transmitir las viviendas sociales a sus ocupantes debido al alto coste económico que suponen (Malpass, 2007). En este sentido, la vivienda social contemplada como servicio esencial requiere, para su modernización y adecuación a la situación actual, superar el concepto tradicional entendido como actividad prestacional de carácter económico para ser reemplazado por un nuevo concepto en el que la idea central sea la asunción, por las Administraciones, de la responsabilidad de la garantía de determinadas prestaciones técnicas (Tornos y Galán, 2007).

A pesar de que en el Informe sobre la Vivienda Social en la Unión Europea ( 2012/2293(INI)) la vivienda social es reconocida como un derecho fundamental, como una herramienta para lograr la justicia social y la cohesión social, y que la política de vivienda social forma parte integrante de los servicios de interés económico general, se señalan también aquellas cuestiones que, en el contexto europeo, impiden su materialización. Así, el principio de subsidiariedad, el número insufiente de viviendas sociales o el impacto de la crisis económicas en la implementación de respuestas públicas en materia de viviendas sociales, aparecen como cuestiones que ayudan a entender la tendencia en política de vivienda que impera entre los Estados miembros de la Unión Europea.

La distancia entre las necesidades de vivienda, como bien de primera necesidad, y la capacidad del mercado para provisionar del derecho humano a una vivienda digna, que favorezca una vida digna, pone de relieve el papel que las políticas de respuestas habitacionales poseen en la situación actual. Cuestiones como la asequibilidad, el estado de la vivienda y condiciones de vida, o el problema de acceso a la vivienda de determinados grupos sociales, apuntan hacia dónde deben realizarse los esfuerzos en materia de reglamentación jurídica e implemetación de medidas relacionadas con la vivienda, buscando la armonía necesaria entre el marco jurídico e institucional y los análisis de las diferentes realidades territoriales que conforman el ámbito de la vivienda, el hábitat y los ciudadanos/as (Juan, 2010)

Si bien la Unión Europea ha desarrollado comunicaciones, reglamentos, informes, directivas o paquetes de medidas orientadas hacia una política europea de vivienda social, lo cierto es que el papel social y económico de la vivienda, la política europea de competencia, la trayectoria histórica de las políticas de vivienda en los diferentes Estados miembros o el retroceso de la intervención pública, parecen socavar los servicios económicos de interés general.

## 3. LA VIVIENDA SOCIAL EN EL CONTEXTO DE LOS SERVICIOS SOCIALES DE INTERÉS GENERAL

La intervención de la UE en materia social encuentra su base legal en el Título X de la versión consolidada del Tratado de Funcionamiento de la Unión Europea. Pero no será hasta el Consejo Europeo de Lisboa, cuando se emprenda una estrategia en la lucha contra la pobreza en el marco de un desarrollo económico sostenible, creación de empleo y cohesión social. A partir de la Cumbre de Lisboa, el enfoque de la política social de la Unión Europea se concentra en una coordinación reforzada destinada a estimular reformas estructurales en los modelos de protección social.

La coordinación de las políticas contra la pobreza comienza a percibirse desde una perspectiva de coordinación de diferentes acciones destinadas a promover la cohesión social y así, se integran elementos que, hasta el momento, habían sido percibidos de forma sectorializada como por ejemplo, la política de vivienda y su papel en la satisfacción de necesidades sociales emergentes. En este sentido, desde las instituciones de la UE se reconoce, por ejemplo, que las buenas condiciones de la vivienda son necesarias para la cohesión social. Así, cada vez más, la política de vivienda se observa como un mecanismo de intervención social que debe integrarse con otras políticas en los ámbitos de la salud, la educación, la regeneración urbana o los servicios sociales. Sin embargo, la heterogeneidad de tendencias en la intervención pública sobre estas políticas, la diversidad de modelos de gestión y las particularidades de la situación de cada Estado miembro de la Unión Europea, hace complejo un análisis lineal del contexto europeo en materia de política de vivienda.

Este esfuerzo por integrar elementos que refuercen transformaciones en los sistemas de protección social hacia la modernización y con una perspectiva de integralidad, afectó, asimismo, al análisis de la vivienda social como factor fundamental en el desarrollo sostenible y la lucha contra la exclusión social. Llevando a considerarla como servicio social de interés general de carácter no económico.

A pesar de que, como hemos podido analizar, las competencias en política de vivienda corresponden a los Estados miembros, la vivienda social comienza a contemplarse como un servicio de interés general que resulta relevante, como hemos señalado, en los procesos de cohesión social o en la lucha contra la pobreza. Un bien que debe considerarse accesible y de calidad en todo el territorio de la Unión Europea, una parte esencial de la ciudadanía europea, necesario para disfrutar plenamente de sus derechos universales (COM, 2004).

En el Libro Verde sobre los servicios de interés general (SIG), la vivienda social se incluye dentro de los servicios sociales de interés general (SSIG), con un papel concreto a desempeñar, junto con la asistencia sanitaria, los cuidados de larga duración o la seguridad social, integrada en el modelo europeo de sociedad y contemplada por el Consejo de Europa de Lisboa en marzo de 2000 (COM, 2004).

Los servicios sociales de interés general en la Unión Europea se diferencian en dos grandes grupos. Por un lado, aquellos sistemas legales y sistemas complementarios de protección social que cubren riesgos relacionados con la salud, la vejez o la discapacidad, entre otros (COM, 2006). Por otro, aquellos servicios sociales esenciales con una función preventiva y de cohesión social que aportan una intervención facilitadora de la inclusión social, y garantizan la realización de los derechos fundamentales. Éstos servicios esenciales incluirían la ayuda a los ciudadanos para afrontar retos inmediatos de la vida; las actividades destinadas a la adquisición de competencias para su inserción en la sociedad y en el mercado laboral; aquellas actividades a garantizar la inclusión de las personas con necesidades de cuidados a largo plazo y, por último, la vivienda social *«que permite el acceso a la vivienda a las personas con escasos ingresos»* (COM, 2006:11).

Además de incluirse la vivienda social como un servicio social de interés general, ésta también se ha contemplado como elemento de análisis en documentos que versan sobre el desarrollo urbano integrado. La «Carta de Leipzig sobre Ciudades Europeas Sostenibles» (2007) plantea, entre otras cuestiones, la renovación del parque de viviendas como elemento favorecedor de la mejora de la calidad de vida de sus residentes, o el planteamiento de unas políticas sociales de vivienda como instrumento facilitador de la cohesión e integración social en las ciudades, contribuyendo a la estabilidad de los barrios.

Un enfoque integrado del desarrollo urbano sostenible, basado en la armonización de las políticas públicas que afectan a la ciudad y que contempla la interacción del medioambiente, la economía y la cuestión social como pilares fundamentales. Un planteamiento que evidencia la necesidad de políticas que venzan las tradicionales propuestas sectoriales (Apéndice a la declaración final de los ministros responsables de desarrollo urbano para la implementación de la Carta de Leipzig, 2008).

Como ejemplo de la necesidad de observar la vivienda social como principio integrador, en el Informe conjunto sobre Protección e Inclusión Social (2009), la vivienda aparece como medida inclusiva en relación a la población romaní y su situación de exclusión, el fenómeno de las personas sin hogar, las desigualdades sanitarias entre los diferentes grupos socioeconómicos o la exclusión financiera debida a la actual crisis económica (7503/09).

Sin embargo, la situación de los servicios sociales de interés general y el de la política social de vivienda, entre otros, se encuentra en un momento complejo. En 2009, Proinsias De Rossa, en su Informe sobre el Futuro de los servicios sociales de interés general (2009/2222 (INI)), ya instaba a los Estados miembros a mantener la misma disponibilidad de servicios accesibles, garantizando un acceso no discriminatorio e insistiendo en evitar que la crisis financiera y económica ponga en peligro el desarrollo de estos servicios (De Rossa, 2009).

Además, la mayoría de los países de los Estados miembros no contemplan la vivienda social dentro de las prestaciones de responsabilidad pública, lo que continúa manteniendo este servicio fuera de los recursos existentes en los servicios sociales a pesar que, cada vez más, se trate de una necesidad social no cubierta por el mercado (Tornos y Galán, 2007). Una realidad que se complementa con el inquitante hecho de que, muchos Estados, para hacer frente a los desequilibrios fiscales, han reducido las actuaciones en materia de promoción, rehabilitación o subvención de ayudas al alquiler, dejando en una profunda debilidad económica a una parte de la población que se encuentra expuestos a la pobreza o a la pérdida de su vivienda, entre otros factores de riesgo.

## 4. CONCLUSIÓN: RETOS PARA LA POLÍTICA DE VIVIENDAS SOCIALES EN EUROPA

La situación de los parques sociales de vivienda gestionados por empresas públicas, municipios o por organizaciones no lucrativas, está, en la mayoría de las ocasiones, relacionadas con una transformación que las identifica con reductos de viviendas de baja calidad, con los inquilinos más pobres y malas condiciones de vida (Roma, 2007; Trilla, 2001). En algunas ciudades europeas, las dificultades referentes al acceso y la calidad de la vivienda han creado problemas sociales de segregación que llevan a la concentración de grupos sociales con bajos ingresos en zonas urbanas degradadas y problemáticas. Esta situación demanda la atención sobre la integración social de las minorías étnicas, así como sobre los problemas en barrios periféricos conformados, en muchas ocasiones, por promociones sociales de viviendas.

En los últimos años, se viene constatando en Europa un aumento de problemáticas alrededor de las viviendas sociales que, por su carácter local, y la heterogeneidad de estrategias existentes en los Estados miembros, no acaban de encontrar respuestas adecuadas por parte de las políticas públicas tradicionales. Siendo contenidas con respuestas de intervención social, en la mayoría de las ocasiones, sectorializadas y sin criterios de modernización, calidad y evaluación de resultados (elementos rectores de los servicios sociales de interés general), dichas estrategias de actuación ignoran, en demasiadas ocasiones, los contextos de la política social en la que nos situamos como profesionales.

En este sentido sigue siendo habitual no reconocer la vivienda como un servicio social a pesar que, cada vez más, se trate de una necesidad social no satisfecha por el mercado para una parte de la población cada vez mayor, y con perfiles tradicionalmente no asociados a los recursos sociales de carácter asistencial.

El problema de la vivienda es complejo y con dificultades comunes en muchos de los Estados miembros. El descenso de la demanda de la vivienda familiar tradicional, la presencia cada vez mayor de familias monoparentales y hogares unipersonales, el envejecimiento de la población autóctona por una parte y el incremento de inmigrantes por la otra, son dos factores que demandan con fuerza un cambio de oferta. Finalmente, en las grandes ciudades, los precios del mercado inmobiliario (que en la última década, han experimentado un crecimiento constante en casi todos los países de la UE), no sólo han llevado a mermar la capacidad de consumo de los hogares, sino que también han incidido sobre temas sociales y de desarrollo (Roma, 2007).

Como hemos podido analizar, la política de vivienda en los Estados miembros está sujeta a numerosas directrices, incluyendo la expansión de los mercados cada vez menos regulados, la merma y «residualización de las viviendas sociales» (Malpass, 2007, p. 53) y la consiguiente disminución de la red de ayudas sociales. Esta tendencia en vivienda, en el contexto del proceso de reestructuración del Estado de Bienestar, ponen de manifiesto, por un lado, que las actuales medidas sobre las viviendas son insuficientes y, por otro, permite comprender cómo el sector de la vivienda social se encuentra relacionado con la transformación y modernización del Estado de Bienestar.

La situación de debilidad de la política de vivienda se suma a otros factores que están poniendo a prueba la sostenibilidad del Modelo Social Europeo hasta el punto de re-pensar que la concepción del Estado de Bienestar como sistema en el que el Estado se reponsabiliza de proveer determinados servicios sociales está entrando en crisis. Una realidad que evidencia que, en la actualidad, los regímenes sociales europeos no sólo tienen defectos y debilidades inherentes, sino que están sufriendo dificultades para poder resolver algunos problemas reultantes de tendencias endógenas y exógenas (González, 2011).

Los desafíos a los que se enfrenta la política de vivienda en la Unión Europea son diversos. A pesar que la vivienda desempeña un papel fundamental en la vida de las personas, representando el gasto más importante en la mayoría de los hogares, y su localización fisica determina el acceso a bienes y recursos, está dejando de ocupar un lugar prioritario en la intervención pública progresivamente.

Aunque la vivienda ha sido uno de los pilares del Estado de Bienestar en muchos países europeos y, desde los últimos años, se ha comenzado a contemplar como un servicio social de interés general, lo cierto es que está siendo objeto de una tendencia del Estado a reducir la provisión de las mismas y a transmitir las viviendas sociales a sus ocupantes debido al alto coste económico que suponen (Malpass, 2007). Asímismo, los gobiernos o entes públicos encargados de la política de vivienda se están viendo obligados, simultaneamente, a resolver cuestiones relacionadas, cada vez más, con la población que residen en los parques de viviendas sociales y las situaciones de exclusión y segregación que soportan en demasiadas ocasiones. Resolver modelos de gestión que no han funcionado, atender a la creciente demanda de viviendas sociales, contemplar la vivienda como un servicio social de interés general o vencer la mirada segregada de la vivienda en las intervenciones que se realizan son, por tanto, algunos de los retos a los que se enfrenta la política de vivienda o el Estado de Bienestar de muchos países de la Unión Europea.

El reto al que se enfrentan los Estados para definir y organizar una oferta de viviendas sociales que incida en las condiciones de vida de los más vulnerables no puede desligarse de la urgencia social que existe para intervenir en el sector de la vivienda social en Europa. La grave crisis de vivienda que persiste en la Unión Europea, y que se está agravando, debe basarse en una oferta suficiente de viviendas asequibles, en condiciones adecuadas de habitabilidad y que atenúe las consecuencias de los ciclos inmobiliarios que desestabilizan las economías y exponen a colectivos en situación de riesgo de excusión social (2012/2293 (INI)).

Por tanto, estas situaciones emergentes, y de carácter estructural, demandan no sólo actuaciones de intervención social en barrios periféricos, parques de viviendas sociales de alquiler y, en muchas ocasiones, cascos históricos que comparten problemas sociales con las aglomeraciones de alojamientos sociales. Se trata de contemplar la posibilidad de visibilizar la vivienda social como un servicio esencial para los ciudadanos a través de actuaciones que deben, en la medida de lo posible, considerar las cuestiones de la política social, los debates en materia de inversión pública o las estrategias comunes elaboradas en una coyuntura económica como la actual para, en la medida de lo posible, evitar reproducir respuestas sectoriales que no provocan las transformaciones sociales inclusivas adecuadas.

En este sentido, la reflexión por parte de profesionales, investigadores y docentes vinculados, de una manera u otra, a las políticas sociales en materia de vivienda resulta fundamental. Se trata de poseer una mirada compleja, más allá de respuestas prestacionales enfocadas, prácticamente con exclusividad, a modelos tradicionales de gestión económica o política en el sector social de la vivienda, centradas en prestaciones económicas o procesos parciales de rehabilitación urbana. Así, integrar una visión micro y macro social, formar parte de la elaboración de estrategias de actuación o la planificación de procesos, requiere, entre otras cuestiones, conocer los contextos supranacionales y, en ocasiones, vencer el reduccionismo que nos lleva, en demasiadas ocasiones, a hacer nuestros los intereses de índole institucionalistas y no técnicos. Convirtiendo estos intereses en las respuestas profesionales (Juan, 2012).

En definitiva, los servicios sociales de interés general, con la vivienda social contemplada como servicio esencial, requieren para su modernización y adecuación a la situación actual, superar el concepto tradicional entendido como actividad prestacional de carácter económico para ser reemplazado por un nuevo concepto en el que la idea central sea la asunción, por las Administraciones, de la responsabilidad de la garantía de determinadas prestaciones técnicas (Tornos y Galán, 2007).

## 5. REFERENCIAS BIBLIOGRÁFICAS

Casas Mínguez, F. (2006). Derechos Humanos, calidad y servicios sociales. *Bits, 9*. Recuperado de https://www.uclm.es/bits/sumario/49.asp

Comisión Europea (2004a) Libro Blanco sobre servicios de interés general. COM (2004) 374 final 12.05.2004, Bruselas. Recuperado de http://eur-lex.europa.eu/legal-content/ES/TXT/?uri=celex:52004DC0374

Comisión Europea (2006) Aplicación del programa comunitario de Lisboa. Servicios sociales de Interés general en la Unión Europea. COM (2006) 177 final, 26.04.2006, Bruselas. Recuperado de http://eur-lex.europa.eu/LexUriServ/site/en/com/2006/ com2006_0177en01.pdf

Comité Económico y Social Europeo. (2007). *La vivienda y la política regional*. Recuperado de: http://vlex.com/vid/52540892

Consejo de Ministros de Desarrollo Urbano y Cohesión Territorial de la Comunidad Europea de Naciones (2007). *Carta de Leipzig sobre Ciudades Europeas Sostenibles*. 24 y 25 de mayo de 2007. Recuperado de http://eur-lex.europa.eu/LexUriServ/ LexUriServ.do?uri=COM:2009:0058:FIN: ES:PDF

Defensor del Pueblo Andaluz. (2014). *Informe Anual 2014.* Recuperado de http://www.defensordelpuebloandaluz.es/sites/default/files/informe-anual-2014/pdf-a4/informe-completo.pdf

Delli, K. (2012). *Informe sobre la vivienda social en la Unión Europea*. Comisión de Empleo y Asuntos Sociales del Parlamento Europeo. Recuperado de http://www.europarl.europa.eu/sides/getDoc.do?pubRef=-//EP//TEXT+REPORT+A7-2013-0155+0+DOC+XML+V0//ES

De Rossa, P. (2009). *Informe sobre el futuro de los servicios sociales de interés general*. Comisión de Empleo y Asuntos Sociales del Parlamento Europeo. Recuperado de http://www.europarl.europa.eu/sides/getDoc.do?type=REPORT&reference=A7-2011-0239&language=ES

Doherty, J., de Deecker, P., Bush-Geertsema, V., O'Sullivan, E., Sahlin, I., Tosi, A.,...Kärkkäinen, S.L. (2005). The Changing Rol of the State: Welfare Delivery in the Neoliberal Era. Bruselas, European Federation of National Organisations Working with the Homeless (FEANTSA). Recuperado de http://www.feantsaresearch.org/IMG/pdf/ 2005_welfare_delivery_in_the_neoliberal_era.pdf

Durán y Lalaguna, P. (2013). *Derechos sociales y políticas sociales: coincidencias y diferencias*. Valencia: Tirant lo Blanch.

Farha, L. (2014) Informe de la Relatora Especial sobre una vivienda adecuada como elemento integrante del derecho a un nivel de vida adecuado y sobre el derecho de no discriminación a este respecto. Asamblea General de las Naciones Unidas. Recuperado de http://daccess-dds-ny.un.org/doc/UNDOC/GEN/N15/242/98/PDF/N1524298.pdf? OpenElement

González Vázquez, I. (2011). *El cambio de orientación de la política social comunitaria. Del Estado de Bienestar a la Sociedad del Bienestar. Tesis inédita*. Recuperado de http:// fondosdigitales.us.es

Juan Toset, E. M. (2010), Aportaciones desde el trabajo social al análisis de la dimensión territorial en los procesos de exclusión social. *Cuadernos de Trabajo Social, 23,* 125-144.

Juan Toset, E.M. (2011) Derechos humanos y vivienda en España: el papel del Trabajo Social en las políticas de Vivienda. *Servicios Sociales y Política social, 97,* 37-46.

Juan Toset, E.M. (2012), La política de vivienda en Europa. Consideraciones desde la perspectiva de los Servicios Sociales de interés general. *Cuadernos de Trabajo Social, 25*(2), 451-459.

Kothari, M. (2008). *Informe del Relator Especial sobre una vivienda adecuada como elemento integrante del derecho a un nivel de vida adecuado*. Asamblea General de las Naciones Unidas. Recuperado de http://www.acnur.org/t3/fileadmin/Documentos/BDL/ 2008/6084.pdf?view=1

Malpass, P. (2007). La transformación del Estado de Bienestar y la vivienda: consecuencias desde la perspectiva británica. En D. Ceischke (Ed) Transformaciones del Estado de Bienestar y cambios demográficos en Europa: Retos del sector de la vivienda social (pp. 53-69). Barcelona: CECODHAS. Recuperado de http://www.promotorespublicos.org/public/ ficheros/publicaciones/5a7183fa54e72a19b0b8bea49d8229ae.pdf

Mira, F. J. (2001). Territorio, hábitat y vivienda frente a la exclusión social. Alternativas. *Cuadernos de Trabajo Social, 9*, 241-262. Recuperado de http://hdl.handle.net/10045/5735

Olea-Ferreras, S. (2012). Vivienda: ¿derecho o regalo? Notas sobre la realidad en el acceso al derecho a una vivienda digna y adecuada en nuestro Estado. *Exclusión y Desarrollo Social.* (39-46).

Rolnik, R. (2012). *Informe de la Relatora Especial sobre una vivienda adecuada como elemento integrante del derecho a un nivel de vida adecuado.* Asamblea General de las Naciones Unidas. Recuperado de http://daccess-dds-ny.un.org/doc/UNDOC/GEN/N15/ 242/98/PDF/N1524298.pdf?OpenElement

Roma, G. (2007). Transformación del Estado del bienestar en Europa: análisis comparativo. En D. Ceischke (Ed) *Transformaciones del Estado de Bienestar y cambios demográficos en Europa: Retos del sector de la vivienda social* (pp. 14-24). Barcelona: CECODHAS. Recuperado de http://www.promotorespublicos.org/public/ficheros/publicaciones/5a7183fa54e72a19b0b8bea49d8229ae.pdf

Sousa Santos, B. De (2014), *Derechos Humanos, democracia y desarrollo.* Bogotá: Centros de Estudios de Derecho, Justicia y Sociedad.

Sunderlan J. (2014). *Sueños Rotos: Impacto de la Crisis de la Vivienda en España en los Grupos más Vulnerables.* Nueva York: Human Rights Watch.

Tornos Mas, J., y Galán Galán, A. (2007). *La configuración de los servicios como servicio público. Derecho subjetivo de los ciudadanos a la prestación del servicio.* Madrid: Ministerio de Trabajo y Asuntos Sociales. Secretaría de Estado de la Seguridad Social. Recuperado de http://www.seg-social.es/prdi00/groups/public/documents/ binario/51598.pdf

Trilla, C. (2001): La política de vivienda en una perspectiva europea comparada. *Colección Estudios Sociales, 9.* Madrid: Fundación «la Caixa».. Recuperado de http://obrasocial.lacaixa.es/StaticFiles/StaticFiles/3409195ca52ef010VgnVCM1000000e8cf10aRCRD/es/es09_inx_es.pdf

# Capítulo 2

# LA LEGISLACIÓN ESPAÑOLA Y ANDALUZA EN TORNO A LA VIVIENDA PROTEGIDA

EVA SOTOMAYOR MORALES

*UNIVERSIDAD DE JAÉN*

**Sumario:** 1. Introducción. 2. Análisis legislativo desde un punto de vista histórico. 3. Planes nacionales de vivienda y medidas legislativas paralelas. 4. Legislación y planificación andaluza de las viviendas sociales. 5. La vivienda como garantía de derechos sociales. 6. Referencias bibliográficas.

## RESUMEN

Las necesidades de los ciudadanos españoles para acceder a una vivienda digna se han incrementado a lo largo de los años. Pero el estado español no ha sido capaz de satisfacer este bien desde su consideración como derecho universal sino como intervención desde los servicios sociales y la planificación estatal y autonómica en materia de vivienda. Ello ha conllevado también una complejidad administrativa digna de mencionar, además de los conflictos generados por las políticas multinivel en las cuales colisionan marcos jurídicos e interpretaciones de los mismos. Por ende, en este capítulo se realiza una revisión histórica de las políticas y medidas legislativas de las viviendas sociales en España así como los aspectos más polémicos de su implementación y desarrollo.

## 1. INTRODUCCIÓN

De manera inherente a la constitución del estado de bienestar español, se sitúan la conformación de tres pilares básicos universales que garantizan la satisfacción de las necesidades básicas del ser humano. La salud, la educación y el sistema público de pensiones, garantizaban, y garantizan, el acceso por igual a la ciudadanía, independientemente de su participación en el sistema económico y laboral. Más tarde, la atención a la dependencia generada por el envejecimiento demográfico, entendido como una situación previsible que afecta a todo ser humano, se pudiera entender como cuarto pilar del Estado de Bienestar. Y cierto es que la prosperidad de los actores sociales ha pasado a depender, en tiempos pasados, del linaje y la posición social, las acciones de filantropía de las grandes industrias o de la beneficencia de las instituciones de caridad a tener unos derechos inherente por su condición de ciudadanos, sin más exigencia que haber nacido, o residir, en el estado español. Del siglo diecinueve al veintiuno la sociedad ha pasado de entender el bienestar como una responsabilidad del estado protector.

De forma paralela, se ha ido gestando un concepto: el de exclusión social, con sus tres categorías: el empleo (la renta), la vivienda (la propiedad) y las redes sociales. Por tanto, la vivienda, se conforma teóricamente como bien de primera necesidad sin el cual el ciudadano no puede, de ningún modo, ejercer su derecho que le garantiza la inclusión social. Y sin embargo nuestra sociedad no ha conseguido garantizar el derecho a la misma, situando necesidades como la educación o la salud como ámbitos dotados de un mayor privilegio.

De igual manera, el que la carencia de vivienda haya sido uno de los derechos pendientes de resolver por las políticas sociales de los gobiernos españoles, ha conllevado a que se sucedan una diversidad de actuaciones para paliar los problemas que han rodeado esta necesidad. No obstante, las medidas han sido en mayor medida legislativas que sociales, que se han puesto en marcha de manera consecutiva al objeto de motivar las promociones de viviendas para las personas con dificultades de acceso, regular el uso de estas viviendas y motivar otros tipos de uso, así como su desuso. Ello no se presenta de una manera exhaustiva, aunque si se destacan algunas de las cuestiones que nos parecen de mayor interés, focalizando la observación en el contexto sociopolítico que ha tenido lugar de forma paralela a lo largo de la segunda mitad del siglo XX y XXI.

Por tanto, en este capítulo se pretende realizar un recorrido por las principales actuaciones de estas medidas jurídicas, de los planes que se han puesto en marcha en el marco de los enfoques políticos de fondo y las particularidades o cuestiones a destacar de cada una de estas en el contexto nacional y en el caso de Andalucía.

## 2. ANÁLISIS LEGISLATIVO DESDE UN PUNTO DE VISTA HISTÓRICO

La falta de vivienda ha sido una preocupación constante del Estado desde principios del siglo XX, siendo ejemplo de ello la creación de las *Casa Baratas*, las *viviendas de renta limitada* y las *viviendas sociales* (Rebolledo, 1995). En

1907, el *Instituto de Reformas Sociales de España* preparó las bases para la puesta en marcha de la *Ley de casas baratas*, como base jurídica para un proyecto de ley de casas destinada a obreros. La Ley de 12 de junio de 1911, sería la primera ley de casas baratas y regulaba la intervención pública en materia de vivienda así como posteriormente el Decreto-Ley de 10 Octubre de 1924 (Castrillo, 2003). A pesar de que las barriadas en las cuales se ubicaban estas viviendas han pasado a formar parte de la historia de los entornos urbanos, el procedimiento de viviendas sociales tuvo su origen con estas actuaciones y delimitó, en cierto modo, el enfoque de las políticas de viviendas actual.

Años más tarde, el término vivienda social tiene su origen en el *Decreto de 14 de Mayo de 1954* que estableció su definición y su objeto, que se ocupaba de sanear las zonas periféricas de los entornos urbanos. En este primer momento, las limitaciones se establecían en torno a una superficie máxima de 50 $m^2$ y se subvencionaba el interés del 80% del coste de la vivienda. Se construían por organizaciones sin ánimo de lucro u organismos oficiales (Mastre, 1989). Posteriormente, estas limitaciones han sido objeto de diversas modificaciones.

Visto el marco previo, el inicio legislativo de las viviendas sociales o viviendas protegidas en España, tal y como se concibe en la actualidad, se constituye con *Ley de 1963* y texto refundido por *Decreto 24 julio 1963, y Reglamento por Decreto 24 julio de 1968.*

Esta Ley define las «Viviendas de Protección Oficial» como aquellas contempladas dentro del *Plan Nacional de la Vivienda* y de los programas de actuación, que fueran aprobados por el *Instituto Nacional de la Vivienda*, considerándose incluidas en este concepto las ampliaciones horizontales y verticales de edificios y los alojamientos construidos al amparo de las políticas diseñadas por dicho Instituto al objeto de paliar los problemas carenciales de la vivienda estimados en España.

Este marco legislativo otorgaba además la competencia en materia de viviendas protegidas al *Instituto Nacional de la Vivienda*, destacando las siguientes misiones[1]:

*a) Fomentar el concurso de la iniciativa privada en la edificación de toda clase de viviendas.*
*b) Orientar la construcción de viviendas en beneficio de los sectores más necesitados.*
*c) Ordenar y dirigir técnicamente esta actividad constructiva, con la colaboración, en su caso, de los Organismos oficiales interesados.*
*d) Proteger la edificación de viviendas, locales de negocio, servicios, instalaciones y edificaciones complementarias, la adquisición de terrenos y ejecución de obras de urbanización, concediendo los beneficios estable-*

[1] Art 3 de la Ley sobre Viviendas de Protección Oficial, texto refundido aprobado por Decretos 131/1963, de 24 de julio, y 3964/ 1964, de 3 de diciembre.

*cidos en la Ley de «Viviendas de Protección Oficial» y en este Reglamento 'y velando por el mejor uso, conservación y aprovechamiento de lo construido.*

e) *Adquirir y constituir reservas de terreno para su urbanización y parcelación con destino a la construcción de «Viviendas de Protección Oficial», de conformidad con lo dispuesto en la Ley de Régimen de Suelo y Ordenación Urbana de 12 de mayo de 1956.*

Además, esta ley diferenciaba dos grupos de vivienda, las de Grupo I, que son aquellas a las que se les condecía el beneficio del préstamo con interés con la condición de que tuvieran una superficie construida por vivienda no inferior a 50 ni superior a 200 metros cuadrados, con un límite en el coste de ejecución material, y las del Grupo II, que son la viviendas destinadas a las personas con dificultades económicas a las cuales se les concedían ayudas en forma de subvenciones, primas y anticipos. Las del primer grupo estaban destinadas a familias de clases más acomodadas.

A pesar de estos inicios legislativos, es con la Constitución de 1978, no obstante, cuando se consolida la responsabilidad del Estado a garantizar una vivienda digna como derecho individual y responsabilidad de las Administraciones públicas. El artículo 47 establece el derecho de todo ciudadano español a disfrutar de una vivienda digna y adecuada y exhorta a los poderes públicos a promover las condiciones y normas necesarias para la efectividad de este derecho. Con esta norma se consagra el derecho a la vivienda y se le otorga su función social. No obstante, ello no ha sido impedimento para dejar de considerarla un bien de consumo sujeto a las leyes del mercado y la especulación. Aunque de forma paralela a esta concepción, las administraciones públicas han puesto en marcha una amalgama de recursos jurídicos para su regulación y para su consideración como bien social, hecho que ha dotado a este bien de una complejidad administrativa diga de mencionar.

Posteriormente, fue con el Decreto-ley 31/1978, de 31 de Octubre con el que se pretendió revitalizar el objetivo social de las viviendas de protección oficial, intentando superar con éste el deterioro progresivo de la vivienda social en España debido a la pluralidad de normas y creación de sistemas paralelos. Se intenta crear una norma en la cual se desarrolle una política de vivienda adaptada a la situación socioeconómica de estos años, con un criterio de simplificación administrativa y ayudas estatales a las familias con bajos niveles de renta. Este decreto, potenciaba la capacidad adquisitiva de las familias con menos ingresos al objeto de actuar sobre la demanda y facilitar la posibilidad de muchas familias de acceder a una vivienda tanto por la via de la propiedad como por la del arrendamiento.

En definitiva en esta primera fase legislativa, según Rebolledo (2003), las normas van reforzando la propiedad en deterioro del arrendamiento, se utiliza el empoderamiento de las clases medias como factor de reactivación económico y no se logra la simplificación normativa buscada debido, en parte, al surgimiento de las competencias de las Comunidades Autónomas, a las que más adelante nos referimos, concretamente el caso de la comunidad andaluza.

## 3. PLANES NACIONALES DE VIVIENDA Y MEDIDAS LEGISLATIVAS PARALELAS

Según Maestre (1976) las políticas de vivienda en España tuvieron su origen en el franquismo, y la forma en que fueron diseñadas en lo que respecta a un sistema de ayudas continúan en cierto modo hasta el presente ya que se centraron en reducir las dificulta de adquisición generando viviendas protegidas (Cortés Alcalá, 2000).

En un primer momento, hubo una producción masiva de viviendas protegidas a las cuales accedieron gran parte de los españoles de clase media y obrera dibujando el mapa urbano y convirtiendo a España en un país de mentalidad propietaria (Taltavull, 2000).

España ha planificado su intervención en materia de vivienda en función de dos instrumentos fundamentales: los *Planes Generales de Ordenación Urbana* y las ayudas económicas para la adquisición y alquiler de viviendas. La gestión de suelo urbano ha constituido una fuente de enriquecimiento a través de los tributos locales (Pereda, *et al.* 2005) y ha constituido una fuente de innumerables problemas, y no necesariamente ha favorecido a los sectores más pobres de la población. En definitiva no se ha constituido como una herramienta lucha contra la exclusión social.

En cuanto a la ayuda a la vivienda, el estado se ha dotado de los planes de vivienda desarrollados a través de sus reales decretos y que se ha centrado en las ayudas directas e indirectas (desgravación fiscal y pagos de las hipotecas) a los adquirientes, o a los promotores.

Antes de los años 80, los planes plurianuales de centraban en solucionar los problemas de carencia de viviendas, pero a partir de este año el problema fue el contrario, por lo que los Planes se centraron en mejorar sus condiciones y facilitar el acceso de las personas más desfavorecidas.

De igual modo, la intervención del Estado para la promoción de planes que faciliten y regulen el uso y la adquisición de vivienda a través de planes plurianuales, ha tenido una larga tradición. Apoyándose este hecho en las competencias que le atribuye la el artículo 149.1.13.a de la Constitución al Estado Central en lo que se refiere a las coordinación de la planificación general de la actividad económica en materia de vivienda y su uso social.

Tras un breve paréntesis de actuaciones de carácter meramente anual, las circunstancias generales de la economía española han experimentado una notable mejoría por lo que, a comienzos de la presente década de los 90, se reinició la política de planes plurianuales de vivienda, que tuvo su concreción en el Plan desarrollado entre 1992 y 1995, prorrogado con algunas modificaciones para el período 1996 a 1999, periodo en el cual se han visto reflejadas las mayores transformaciones en materia de vivienda social en España.

Una cuestión de interés fué a partir de los 90, por la amplia oferta cuantitativa de vivienda en España y el desarrollo de las modalidades de préstamos hipotecarios, a unos tipos de interés históricamente desconocidos por su reducido nivel en comparación con épocas anteriores, hecho que desembocará en una de las situaciones nacionales más particulares del último siglo y que conllevará al uso desmesurado de la adquisición, la promoción y entre otras cosas, la burbuja inmobiliaria española.

Por tanto, desde la Constitución de 1978 y el RDL del mismo año anteriormente comentado, se suceden diferentes Planes de Actuación en materia de vivienda social que se complementan con los Planes Andaluces a partir de 1992 y que traslada la complejidad administrativa a la planificación derivada de la jurisdicción creada al efecto de potenciar el derecho a la vivienda digna y en igualdad.

Además de regular el acceso y la promoción de viviendas sociales, los Planes han introducido diferentes novedades destacada por Delgado Ramos (2007)[2]. El Primer plan, el Plan Estatal 1981-1983 (RD 7 nov 1980), contemplaba la subsidiación de préstamos y tipos de interés así como ayudas para la adquisición para personas desfavorecidas.

La novedad del *Plan 1984-1987* desarrollado por el *Real Decreto 14 dic 1983,* sobre financiación de actuaciones protegibles en materia de vivienda (BOE de 5 de enero de 1984), regulaba la posibilidad de transmisión de la vivienda social durante la subvención, prohibiéndola a intervivos durante 5 años.

La distinción entre las viviendas de protección oficial de régimen general y las de régimen especial se realiza en el desarrollo del segundo Plan Nacional de Viviendas públicas (1988-1991) desarrollado por el Real Decreto 4 de diciembre de 1987.

El *III Plan 1992-1995* desarrollado por el *RD 20 dic 1991*, diferencia entre las viviendas de protección oficial de régimen general y las de régimen especial, siendo las primeras para demandantes que tuvieran ingresos seis veces inferiores al salario mínimo interprofesional y las segundas para aquellos que tuvieran dos veces y media los ingresos inferiores al salario mínimo interprofesional.

Por otro lado, regula las viviendas a precio tasado. Estas son aquellas que no superan los 130 metros cuadrados y no son de protección oficial en su origen pero cuyos adquirientes obtienen una financiación por su compra.

---

[2] Viviendas protegidas en Andalucía. Aspectos notariales y registrales. Joaquin Delgado Ramos, 2007. En http://www.notariosyregistradores.com/doctrina/ARTICULOS/ponencia%20vivienda%20protegida-%20sevilla.rtf.

*El Plan 1996-1999*, regulado por el *Real Decreto 2190/1995, de 28 de diciembre, sobre medidas de financiación de actuaciones protegibles en materia de vivienda* (vigente hasta el 27 de Junio de 1998) se regula la financiación directa o convenida por la *Administración General del Estado* de las actuaciones protegibles en materia de promoción, adquisición y cesión en arrendamiento de las viviendas de protección oficial de nueva construcción; adquisición de otras viviendas, la rehabilitación de viviendas y edificios y la urbanización de suelo para su inmediata edificación y la adquisición onerosa de aquél para su inmediata urbanización, o para formación de patrimonios públicos de suelo, en todos los casos con destino preferente a la promoción de viviendas de protección oficial.

Este Decreto establece además una colaboración con las Comunidades Autónomas en lo que respecta a la promoción de viviendas calificadas como de promoción pública

*En el año 1998*, con el Real Decreto 1186/1998, de 12 de junio, sobre medidas de financiación de actuaciones protegidas en materia de vivienda y suelo del Plan 1998-2001, se deroga el Plan anterior antes de que finalice el periodo de aplicación. Desaparecen por tanto las figuras de tanteo y retracto, reguladas por los planes anteriores. Se prohíbe además, la posibilidad de trasmisión de la vivienda durante los cinco primeros años del préstamo. Esta prohibición se amplía a 10 años con el Real Decreto de 9 de Febrero de 2001.

A partir del año 2002, tiene lugar un desarrollo legislativo complejo que regula el régimen de uso y transmisión de las viviendas de protección oficial. Así, se desarrolla el *Plan 2002-2005*, desarrollado por el *Real Decreto de 11 enero de 2002,* sobre medidas de financiación de actuaciones protegidas en materia de vivienda y suelo.

Concretamente en el artículo 10, se regula el destino y ocupación de las viviendas así como las limitaciones para su uso o su descalificación.

Establece, además, el límite de diez años por el cual antes de este periodo las personas que hayan adquirido un préstamo cualificado para una vivienda de protección oficial no podrán transmitirla ni cederla, excepto el caso de las familias numerosas, a los que cambien de residencia o por otro motivo justificado, autorizándose esto último por la comunidad autónoma donde se ubique la promoción. No obstante en estos casos se establece la cancelación de la ayuda. Regula además las segundas transmisiones de estas viviendas y establece el precio máximo de su venta.

De igual manera establece que las viviendas de protección oficial acogidas a estas medidas de financiación no podrán ser objeto de descalificación voluntaria a petición de los propietarios hasta transcurridos quince. Ello además deberá figurar en las escrituras de compraventa, y en la escritura de formalización del préstamo hipotecario.

*El Real Decreto 801/2005,* de 1 de julio, por el que se aprueba el *Plan Estatal 2005-2008,* para favorecer el acceso de los ciudadanos a la vivienda (vigente hasta el 25 de diciembre de 2008). Se pone en marcha para favorecer el acceso de los ciudadanos a una vivienda asequible como residencia habitual y permanente, en el caso de que no les sea posible adquirir con sus propios recursos una vivienda adecuada y digna para el ejercicio de sus derechos de ciudadanía.

Este decreto hace referencia a las ayudas de carácter financiero, así como las ayudas no financieras. Concibe las primeras como los préstamos acogidos a convenios de colaboración entre el Ministerio de Vivienda y las entidades de crédito colaboradoras del *Plan Estatal 2005-2008*, para compradores y promotores de actuaciones protegidas así como las ayudas económicas estatales directas mediante la aportación de recursos presupuestarios estatales, en forma de subsidios de préstamos, subvenciones y ayudas.

Establece como ayudas no financieras el establecimiento de precios máximos de venta y de adjudicación de las viviendas protegidas y de precios máximos de las viviendas en régimen de arrendamiento.

Igualmente establece una diferenciación entre «viviendas protegidas» y «adquisición protegida de viviendas usadas» e introduce una prohibición de transmitir intervivos durante 10 años desde cada adquisición, con determinadas excepciones.

El interés de este decreto es que genera antecedentes de *Ley 13/2005* de la Comunidad autónoma de Andalucía, regulando la compra y transmisión, y centrándose en las viviendas «acogidas» y no a «compradores acogidos», lo cual justifica la interpretación de que la prohibición nace y renace con cada nueva adquisición.

Merece una especial mención *el Real Decreto 2066/2008*, de 12 de diciembre, por el que se regula el *Plan Estatal de Vivienda y Rehabilitación 2009-2012.*

Al inicio de este periodo continúan las dificultades de acceso a la vivienda por parte de muchas personas y la crisis económica iniciada en el año 2007 está generando los efectos desvastadores que fueron ignorados en la planificación del anterior Plan, por lo que este se diseña teniendo en cuenta el periodo anterior de alzas de precio de la vivienda desde el año 1996 y la enorme parada de la oferta de viviendas y, sobre todo en la adquisición.

El objetivo de este Plan, por tanto, es la optimización del uso de las viviendas ya existentes al objeto de responder a las demandas de la población y cubrir las necesidades de alojamiento con viviendas promoviendo la producción.

Se apoya en parte para su fundamentación, en la reunión informal de Ministros sobre Desarrollo Urbano y Cohesión Territorial celebrada en Leipzig el 24/25 de mayo de 2007, en la cual se firma la *Carta de Leipzig sobre Ciudades Europeas Sostenibles.*

Esta carta es un documento de los Estados miembros de la Unión Europea, con apoyo y participación de diferentes *stakeholders*, mediante la cual se diseñan una estrategias comunes y se toman diferentes acuerdos en política urbanística. En esta carta se establece un compromiso de mejoras urbanísticas con el compromiso de creación y consolidación de espacios públicos de alta calidad, atención a los barrios menos favorecidos dentro del contexto global de la ciudad, mejora del medio ambiente físico, fortalecimiento a nivel local la economía y el mercado laboral e incluir en los programas educativos acciones proactivas y de formación para niños y jóvenes.[3]

El *Plan 2009-2012* se crea con dos líneas estratégicas. A nivel estructural, mejorar el uso y acceso a la vivienda y a nivel coyuntural, medidas urgentes para solucionar los problemas generados por la crisis económica y la burbuja inmobiliaria, recogiendo el procedimiento para la asignación de los recursos a la producción sobrante de viviendas.

Pretende este decreto implicar a los ayuntamientos en los objetivos del Plan de Vivienda, a través de la oferta de suelos dotacionales para la construcción de alojamientos para colectivos específicos y especialmente vulnerables, el fomento de áreas de rehabilitación y de renovación urbana, y la potenciación de las actuaciones prioritarias de urbanización de suelo con destino a la construcción preferente de viviendas protegidas en alquiler.

Considera la necesidad de incrementar la agilidad en la gestión y la inclusión de una mayor eficiencia energética.

Los ejes que el Plan desarrolla en programas, de cara a estos objetivos son: *1) La promoción de viviendas protegidas para compra, uso propio o destinadas al alquiler, también con opción de compra, y la promoción de alojamientos para colectivos específicos o especialmente vulnerables. 2) Las ayudas a los demandantes de vivienda. 3) Las áreas de rehabilitación integral y de renovación urbana en centros históricos, centros urbanos y barrios degradados y municipios rurales, así como las ayudas para la erradicación de la infravivienda y el chabolismo. 4) Las ayudas RENOVE a la rehabilitación, pero también en la promoción de nuevas viviendas, mejorando la eficiencia energética y accesibilidad universal para las personas con discapacidad, 5) Las ayudas para adquisición y urbanización de suelo para vivienda protegida, y 6) Las ayudas a instrumentos de información y gestión del Plan.*

El *Plan Estatal 2013-2016* de fomento del alquiler de viviendas, la rehabilitación, regeneración y renovación urbanas desarrollado por el Real Decreto 233/2013, de 5 de abril. Con este Plan se modifica la orientación de planes anteriores, que pretendían incentivar la promoción de viviendas con protegidas y dinamizar el sector de la construcción. Se centra por tanto en actuaciones para el fomento y la regulación del alquiler y la rehabilitación. *Comprende ocho programas de actuación: 1.*—Subsidiación de préstamos convenidos; 2.—Ayuda al alquiler de vivienda; 3.—Fomento del parque público de vivienda en alquiler; 4.—Fomento de la rehabilitación edificatoria; 5.—Fomento de la regeneración y renovación urbana; 6.—Apoyo a la implantación del Informe

[3] Vid. Carta de Leipzig sobre Ciudades Europeas Sostenibles. Aprobada con ocasión de la Reunión Informal de Ministros sobre Desarrollo Urbano y Cohesión Territorial y celebrada en Leipzig el 24/25 de mayo de 2007). En http://www.femp.es

de Evaluación de Edificios; 7.—Fomento de ciudades sostenibles y competitivas y 8.—Apoyo a la implantación y gestión del Plan.[4]

## 4. LEGISLACIÓN Y PLANIFICACIÓN ANDALUZA DE LAS VIVIENDAS SOCIALES

La Constitución Española, en el Titulo VII, artículo 148. 1. 3.ª, en cuanto a la organización territorial del Estado, recoge que las Comunidades Autónomas podrán asumir competencias en las materias de ordenación del territorio, urbanismo y vivienda. Por tanto, exhorta a los poderes públicos a promover las condiciones necesarias para hacer efectivo este derecho.

En concreto la Comunidad Autónoma de Andalucía, a través del artículo 13.8 L.O/6/1981, de 30 de diciembre se desarrolla el Estatuto de Autonomía de Andalucía, materializándose la trasferencia de competencias que han facilitado el inicio de un marco legislativo autonómico sobre la regulación de las viviendas de protección oficial.

Concretamente, en el art. 25 del Estatuto de autonomía, se recoge el derecho a una vivienda digna y adecuada y declarar que «para favorecer el ejercicio del derecho constitucional a una vivienda digna y adecuada, los poderes públicos están obligados a la promoción pública de la vivienda. La ley regulará el acceso a la misma en condiciones de igualdad, así como las ayudas que lo faciliten».

Los planes Andaluces de vivienda se inician el año 1992 han generado, en cierto modo que, en algunas materias, se genere una complejidad administrativa en esta materia.

En Andalucía, la LEY 1/2010 de 8 de marzo, que regula el derecho a la vivienda en Andalucía, apoyándose en la Constitución Española y en el Estatuto de Autonomía, desarrolla el derecho a una vivienda digna de las personas andaluzas titulares del derecho que acrediten estar en disposición de llevar una vida económicamente independiente de su familia de procedencia y que no sean titulares de otra vivienda o propiedad. Esta Ley ha supuesto indudablemente un avance en la delimitación del derecho a la vivienda digna y adecuada en Andalucía.

Para garantizar el disfrute del derecho la citada Ley establece la obligación de los Ayuntamientos de crear un registro de demandantes y a través del Decreto 1/2012 se aprueba el reglamento regulador de los Registros públicos municipales.

Este procedimiento es de suma importancia en el proceso de adjudicación de la vivienda ya que recoge la normativa para adjudicar la vivienda cumpliendo con la legalidad y a la vez con la necesidad de priorizar las per-

[4] Vid. http://www.tinsa.es/np-files/1/down/extended_papers/01_EXTENDED_Plan_de_vivienda_2013-2016_ok.pdf

sonas que no tienen posibilidad de acceso a la vivienda del mercado libre. No obstante, ha sido objeto de controversia debido a los procedimientos establecidos y los usos que se han hecho de estos, al ser las entidades locales las responsables de la creación y gestión de estos registros y sus principales protagonistas en el establecimiento de criterios (en función de los límites que establece la Ley) y la comprobación de los datos.

En este punto, el Defensor del pueblo andaluz introduce una petición debido a la gran cantidad de quejas recabadas y el alto clima de conflictividad social que está generando la adquisición. Es por ello por lo que el Decreto recoge una excepción en la solicitud de inclusión en el registro de demandantes, previendo la posibilidad de que haya una excepción en la aplicación del registro para adjudicar viviendas a unidades familiares en grave riesgo de exclusión social y cuando se justifique su carácter de urgencia por parte de los Servicios Sociales de la entidad local.

No obstante, cabe destacar que este procedimiento de excepcionalidad en algunos casos se ha convertido en el modo de adjudicación habitual, generando un efecto diferente por el cual fue creado.

Otro hecho a destacar en lo referente a la normativa de vivienda social en Andalucía es lo relativo a la puesta en marcha de la Ley 4/2013 de 1 de Octubre, de medidas para asegurar el cumplimiento de la función social de la vivienda, llamada «ley antideshaucios». Con esta Ley, la comunidad autónoma andaluza pretendió resolver por esta vía la cantidad de viviendas desocupadas que existían en contraposición de la gran cantidad de demandantes de vivienda social y también solucionar por la via de la paralización de expropiaciones a las personas que declaren estar en una grave situación de carencia social.

Anteriormente a esta Ley el gobierno andaluz promulgó el Decreto-Ley 6/2013, de 9 de abril, de medidas para asegurar el cumplimiento de la Función Social de la Vivienda, que contemplaba, la expropiación de las viviendas ocupadas a las entidades financieras y la creación de un sistema de fomento del alquiler de las viviendas vacías a través de un sistema de penalización de las entidades bancarias y a las sociedades filiales que mantenieran viviendas desocupadas sin darles uso. Este instrumento jurídico, pretendió dar respuesta inmediata a una situación coyuntural producida por la crisis económica, estableciendo las bases normativas inmediatas que permitan dar solución al problema social planteado, sin necesidad de esperar a que se tramitara el procedimiento legislativo.

Ambas medidas legislativas, tanto el Decreto como la Ley han sido impugnadas por el Gobierno Central, entrando en controversia con la comunidad autónoma donde se encuentran las competencias en materia de vivienda y la planificación económica del Estado Central.

Entre los motivos de impugnación la de la Ley el Gobierno entiende que es inconstitucional, alegando que «no hacen sino definir el contenido del derecho de propiedad según su función social, y ello no supone mutilar ningún derecho preexistente, ni privar a nadie de ningún derecho que tenga» (STC 37/1987, FJ 2).

En definitiva, finalmente el Tribunal Constitucional ha estimado parcialmente el recurso de inconstitucionalidad y, en consecuencia, declara la nulidad del primer inciso del art. 1.3 «Forma parte del contenido esencial del derecho de propiedad de la vivienda el deber de destinar de forma efectiva el bien al uso habitacional previsto por el ordenamiento jurídico», de los apartados 5 y 6 del art. 25»: en que se definen las viviendas desocupadas.

De igual manera, el Estado alega inconstitucionalidad en la definición que se hace de la vivienda no ocupada, por considerar que se vulnera el principio de presunción de inocencia, recogido en el art. 23 de la Constitución Española. En este sentido La ley4/2013 se refiere a las «viviendas vacías» como viviendas deshabitadas definiéndolas aquella «que no se destine efectivamente al uso residencial previsto por el ordenamiento jurídico o el planeamiento urbanístico durante más de seis meses consecutivos en el curso de un año desde el último día de efectiva habitación. A estos efectos, se entenderá como último día de efectiva habitación el que ponga fin a, al menos, seis meses consecutivos de uso habitacional». Igualmente, «Se presumirá que la vivienda no está habitada cuando la misma no cuente con contrato de suministro de agua o de electricidad o presente nulo o escaso consumo de suministros, calculados con base en la media habitual de consumo por vivienda y por año».

De esta definición quedan excluidas: a) Las edificaciones destinadas a un uso regulado en la legislación; b) Las viviendas de las personas físicas cuyo uso exclusivo sea el de esparcimiento o recreo y c) Las viviendas que sean usadas de forma efectiva mediante su arrendamiento como fincas urbanas celebrado por temporadas, sea ésta de verano o cualquier otra y el celebrado para ejercerse en la finca una actividad industrial, comercial, artesanal, profesional, recreativa, asistencial, cultural o docente.

Los apartados del artículo 25 de la citada Ley que se declaran inconstitucionales son los siguientes: «5. Las viviendas deshabitadas de titularidad de personas físicas no serán objeto del ejercicio de la potestad sancionadora, en los términos establecidos en el artículo 53.1.a). y «6. En orden al ejercicio de la potestad sancionadora, sólo se considerará vivienda deshabitada, a los efectos previstos en el artículo 53.1.a) de esta Ley, aquélla cuya titularidad corresponda a una persona jurídica, constituida regular o irregularmente. Por titularidad se entenderá aquella que recaiga, tanto sobre el pleno dominio de la vivienda como sobre una participación mayoritaria en un condominio sobre la misma. A estos efectos, no será aplicable la exclusión prevista en la letra b) del apartado 4.»

Finalmente, se señala que vulnera el principio de igualdad y no discriminación, pues sólo expropia el derecho de uso de la vivienda por tres años a determinados propietarios de viviendas incursas en procedimientos de desahucio.

Se constata con este hecho las dificultades que tienen en el estado español la implantación de políticas sociales que implican una participación o competencia de diferentes niveles territoriales en su regulación, estado central, autonomías y gobiernos locales (en procedimientos de registro), que a menudo se ve afectado por los gobernanzas políticas, y que irrumpen en el solapamiento de funciones y competencias, que no hacen más que interrumpir el ejercicio de un derecho de primer nivel, como es el derecho a tener una vivienda digna para poder ejercer el rol de ciudadano de primera categoría en todos los ámbitos del contexto social.

## 5. LA VIVIENDA COMO GARANTÍA DE LOS DERECHOS SOCIALES

Como conclusión y reflexión final, cabe destacar que más allá de la regulación que de la vivienda social se haya realizado en el marco jurídico nacional y autonómico, no podemos olvidar que la vivienda constituye un elemento clave en la dignificación del ser humano y su carencia genera la pobreza más absoluta y la exclusión social de forma indiscutible. En realidad, el interés de esta visión es que precisamente en ella se apoyan todas las herramientas legislativas y las políticas sociales de vivienda, de partir de la realidad de la necesidad de dotar a los sujetos de derecho de este bien de base a partir del cual se pudieran implementar el resto de acciones sociales (formación, alimentación, actitudes integradoras, etc) necesarias para la inclusión social. En concreto la *Declaración de la Oficina del Alto Comisionado para los Derechos Humanos de la ONU*, remarca la vivienda como un derecho humano fundamental y ha sido reconocido en una serie de instrumentos internacionales y declaraciones, normativas regionales y leyes nacionales (González, 2012).

Concretamente, el *Comité de Derechos Económicos, Sociales y Culturales* (n.ª4) interpreta el derecho a la vivienda como una cuestión que supera su tenencia, sino que además del hecho integrador de poseerla esta debe contar con unas garantías mínimas para favorecer la dignidad del ser humano en un lugar seguro, con paz y dignidad. Por lo que eleva el concepto de «adecuación» y recomienda los estados su consideración.

En este sentido, identifica siete características de la adecuación, al objeto de reconocer el derecho a una vivienda diga e integradora. Estos son: la seguridad jurídica de la tenencia, la disponibilidad de servicios, materiales e infraestructuras, la accesibilidad económica, y la accesibilidad física, la habitabilidad, la ubicación de la vivienda y la adecuación cultural.

En función de lo anterior y habiendo revisado el marco jurídico español desde la creación de la Ley de casas baratas, hemos podido identificar tres elementos normativos de influencia en el ejercicio de la promoción del acceso a la vivienda de la ciudadanía.

El primer ámbito es el acceso en régimen de propiedad de las personas con dificultades de adquisición por medios propios y a precio de mercado. Las medidas legislativas han tenido como objetivo la motivación a las promociones y las viviendas de protección oficial, así como las subvenciones del tipo de interés y otras ayudas directas e indirectas. No obstante, la tendencia ha sido la de favorecer la adquisición, frente al alquiler, favoreciendo un país en que predomina el espíritu de propietarios.

El segundo ámbito de interés ha sido el fomento de la ocupación de vivienda mediante la modalidad de arrendamiento o alquiler, no precisamente por haber estado presente en los planes de vivienda, pues ha primado más la adquisición que el alquiler sino como una cuestión puntual en los planes iniciales y que actualmente se vislumbra como una solución a los múltiples problemas de acceso a la vivienda, en lo que respeta a la acceso y a la cantidad de viviendas no ocupadas, sobre todo con la puesta en marcha del *Plan Estatal 2013-2016* de fomento del alquiler de viviendas.

Como tercer ámbito creemos necesario destacar la rehabilitación de las viviendas como una medida que ha tomado fuerza también en los últimos años, y que ha sido, en cierto modo, la solución adoptada cuando del problema de carencias de vivienda en España se pasó, años más tarde, a la demasía. También porque se detectó que el problema no era tanto la falta de viviendas sino el deterioro que las viviendas sociales han tenido en los últimos años, en parte debido esto a los focos de exclusión social y gettización de que han sido objeto.

En definitiva, nos encontramos en un punto en el que el marco jurídico de las viviendas sociales sigue siendo complejo y que ello afecta a los procesos administrativos y ejecuciones de los procedimientos. No obstante, la diversidad reglamentaria generada por el traspaso de competencias a cada autonomía, lo convierten en un asunto dependiente del contexto y la realidad territorial.

## 6. REFERENCIAS BIBLIOGRÁFICAS

Atkinson, R., Blandy, S. (2005). Introduction: International perspectives on the new enclavism, and the rise of gated communities. *Housing Studies, 20*(2), 177-187.

Castrillo Romón, M. (2003). Influencias europeas sobre la « Ley de Casas Baratas « de 1911: « Loi des Habitations à Bon Marché « de 1894». *Cuadernos de investigación urbanística, 36*, 5-52.

Cortés Alcalá, L. (2000). La vivienda como factor de exclusión en la ciudad. *Documentación Social, 119*. 295-312.

Gonzalez Torres, R. (2012). *Ética para una vivienda digna: El hábitat humano en función de las condiciones de sus usuarios. Madrid*: Editorial Académica Española

Maestre, P. (1979). La política de vivienda en España. *Información Comercial Española, 548*, 11-27.
Pereda, C.; Actis, W.; de Prada, M. Á. (2005). *Inmigración y vivienda en España.* Madrid: Ministerio de Trabajo y Asuntos Sociales.
Rebolledo Valera, A L. (1995). «Las viviendas de protección oficial: aproximación a su régimen jurídico», Derecho Privado y Constitución, 6: 135 y ss.
Taltavull, P. (2000). *Vivienda y familia*. Madrid: Fundación Argentaria.

# Capítulo 3

# ASPECTOS URBANÍSTICOS Y ARQUITECTÓNICOS EN LA EXCLUSIÓN RESIDENCIAL. INTENCIONES E INTERRELACIONES

RAQUEL MARTÍNEZ CHICÓN
ANTONIA OLMOS ALCARAZ
*UNIVERSIDAD DE GRANADA*



## RESUMEN

En este capítulo, y a través de la conceptualización y dimensionamiento de un fenómeno procesual, multifactorial y complejo como es el de la exclusión residencial, mostramos los resultados del análisis de las dimensiones arquitectónica y urbanística en el contexto de gestión de algunas promociones de viviendas sociales en Andalucía. Y abordaremos la importancia e intencionalidad del espacio y su apropiación, en tanto vivienda y alojamiento, y la necesidad de contemplar la interseccionalidad en el análisis de la realidad y la planificación de las políticas públicas en materia de vivienda.

## 1. LA EXCLUSIÓN RESIDENCIAL

En los procesos de exclusión, el componente residencial adquiere un peso determinante. Pero las problemáticas residenciales no se pueden concebir si no es desde la lógica del habitar (Cortes y Antón, 2007; Henández-Pedreño 2013), desde la ocupación de las viviendas como proceso de conversión y comprensión de éstas en hogar. La vivienda, junto a otros muchos factores, actúa como componente necesario en los procesos de exclusión o de integración y normalización de la vida en la ciudad; al actuar de manera conjunta, funciona en términos acumulativos provocando fenómenos de retroalimentación mutua (Alcalá, 2000) difíciles o casi imposibles de modificar si no se abordan todos ellos. Pensar que la entrega de una vivienda en sí misma, como medida de política social, es suficiente para solucionar los problemas de exclusión, sin importar lo que suceda después de esa entrega y sin conocer si ese alojamiento permite acceder a los circuitos de normalización (Cortes 2005, p. 96), es obviar la relación multicausal de los factores que influyen en los procesos de exclusión y actuar como si la vivienda en sí misma y por sí misma fuese causa y consecuencia de la integración o de la exclusión social, algo totalmente alejado de la realidad.

Cabrera (2013), siguiendo a Subirats (2004) y Subirats y Brugue (2005), y refiriéndose a uno de los colectivos en mayor situación de exclusión social, la población inmigrante extranjera, señala seis factores que generan exclusión relacionados con aspectos residenciales: carecer de vivienda propia, residir en «infravivienda», tener un acceso precario a la vivienda, residir en un espacio que está en malas condiciones, hacinamiento y espacio urbano degradado o con deficiencias o carencias básicas. Estos factores, que pueden servirnos para hablar de exclusión para la población en general, se redimensionan y/o complejizan si pensamos en alojamiento y no exclusivamente en vivienda/ residencia.

Siendo así, es preciso tener en cuenta algunas otras cuestiones que tienen que ver con el hecho de que no podemos hablar de exclusión o de integración si no es desde una perspectiva holística y procesual. Esto supone, por una parte, la necesidad de abordar todos los factores (de tipo arquitectónico, urbanístico, laboral, familiar, económico, político, cultural, psicológico, etc.) y de hacerlo incluyendo la percepción de las personas que se encuentran en situación de exclusión residencial y la determinación de la producción y reproducción del espacio (como por ejemplo la propiedad del suelo); y ello porque los espacios que habitan los sujetos son sobre todo espacios propios de acción e imaginación(Martínez, 2014), donde el sentimiento de apropiación tiene que ver con los mencionados factores pero también con las posibilidades de participación en su producción y conformación (Ibídem). Esta situación además se ve acusada en el momento de crisis económico-social que vivimos actualmente:

> «(...) los efectos sociales del modelo de producción (especulación-corrupción) de los últimos años (...) han sido devastadores. Por una parte, han dificultado la plena inclusión social de importantes colectivos de población con necesidades de alojamiento y por otra parte han pro-

fundizado en la ruptura de la cohesión social a través de tres dimensiones: las condiciones de vida y salud; el freno a las tendencias en los ciclos vitales de los hogares y estrategias familiares (emancipación de los jóvenes, tasa de natalidad,...), con el consiguiente efecto sobre la demografía, y las pautas culturales residenciales (Paniagua 2014, p. 3).

Y por otra parte, no obviar que cuando hablamos de exclusión residencial, lo debemos hacer más en términos de proceso que de situación, porque las necesidades, sobre todo aquellas relacionadas con la accesibilidad, se van transformando y pueden aliviarse o agravarse a lo largo de los ciclos vitales en función de motivos tan diversos como el trabajo, la familia, la salud, la movilidad, los recursos económicos, etc. (Cortés, 2005).

Así, y de acuerdo con Martínez (2014), el urbanismo actual, en tanto instrumento ideológico, político y económico, se convierte en administrador y reproductor de relaciones sociales; y en España y Andalucía, el modelo residencial dominante, impone unas condiciones económicas que difícilmente favorece la inclusión a determinados colectivos a lo largo del tiempo. Las condiciones de acceso a la vivienda de este modelo residencial han dificultado la resolución del problema de alojamiento y han hecho aumentar las situaciones de vulnerabilidad y de exclusión estructural de personas, grupos sociales y colectivos, convirtiéndolas en casi permanentes o de muy difícil modificación (Cortes y Antón, 2007). No obstante, y como ya hemos comentado, este modelo residencial no puede entenderse sólo en términos de privación o accesibilidad económica (Vincle, 2009).

Si bien existe en los últimos años una cantidad importante de investigaciones y acercamientos al fenómeno de la exclusión residencial, este concepto es relativamente reciente en España (Ibídem), al contrario que en otros contextos como el estadounidense o el latinoamericano donde los estudios sobre exclusión y segregación residencial tienen un importante recorrido e impacto (Wirth, 2005; Malmod, 2011; Torres, 2012; Kaminker, 2015), y se entiende y se debe entender desde la complejidad y la multiplicidad de factores y componentes que se articulan entre sí: accesibilidad, habitabilidad, inestabilidad, adecuación, etc. (Oteiza, 2003). Desde esa visión de fenómeno complejo, multifactorial y multicausal, pasamos a describir los aspectos urbanísticos y arquitectónicos de las promociones de viviendas estudiadas, desde una metodología que no podría ser más que interdisciplinar y multimétodo.

## 2. LAS DIMENSIONES ARQUITECTÓNICA Y URBANÍSTICA

En relación al estudio «Modelización socioespacial de la intervención social en viviendas sociales en Andalucía» (G-G1300021/IDIP), como ya se ha descrito en anteriores capítulos, se ha configurado sobre una muestra intencional de un total de 2525 viviendas comprendidas en 21 Promociones de

Viviendas Sociales (PVS), distribuidas, a su vez, de manera equitativa en tres grupos de 7 PVS por intervalos de tamaño poblacional de núcleos de menos de 20000 habitantes, núcleos entre 20001 y 50000 habitantes, y núcleos de más de 50001 habitantes. De las cuatro dimensiones consideradas en la investigación: contextual, de gestión de la intervención pública, arquitectónica y urbanística; nos centraremos en este capítulo en las dos últimas.

Así, desde la dimensión urbanística, capaz ésta de facilitar o dificultar la integración social (Ruiz-Tagle, 2013), se ha abordado la configuración espacial de los diferentes núcleos de población, la ubicación y la contextualización urbanística de las PVS, su estructuración y planeamiento y la integración con el resto de tejido urbano: emplazamiento, morfología, movilidad, dotaciones, accesibilidad, sostenibilidad, etc.

Desde la dimensión arquitectónica —que, como ya hemos argumentado previamente, contribuye de manera sustancial a la integración o exclusión social y espacial de las familias dada la importancia de la vivienda en el hogar— se han considerado, entre otras variables: la vida útil, el estado actual de la vivienda, los parámetros edificatorios, el número de dormitorios, las superficies, la calidad arquitectónica, la accesibilidad de la vivienda, las instalaciones y la eficiencia energética.

A continuación pasamos a describir la selección y análisis de los indicadores y los principales resultados de su análisis.

## 2.1. Dimensión urbanística

La selección de indicadores de interés para el presente estudio, se realizó con la colaboración del Colegio Oficial de Arquitectos de Huelva. Se mantuvieron diversas reuniones para elaborar un listado de indicadores que fuese lo suficientemente discreto y a su vez amplio como para cumplir el objetivo de categorizar y definir el estado urbanístico y arquitectónico de las diferentes promociones consideradas.

De igual manera, se contó con el personal de arquitectura responsable de cada una de las Delegaciones Provinciales de la Agencia de Vivienda y Rehabilitación de Andalucía (AVRA) que recabó en cada Registro Provincial la información relativa a los indicadores que o bien no pudieron completarse en campo o bien constaban en los proyectos de obra archivados en dichos registros.

Así, orientados por las revisiones bibliográficas y ayudados y acompañados por expertos/as del Colegio Oficial de Arquitectos de Huelva y de las delegaciones de AVRA, se configuró un listado que contenía una batería de 20 indicadores, operacionalizados en distintos niveles de medición, según la disponibilidad de información y/o el requerimiento de la variable para su análisis posterior. Estos indicadores se muestran categorizados en las siguientes áreas: emplazamiento, morfología, movilidad, dotaciones, accesibilidad y sostenibilidad urbana.

1. *Emplazamiento:*
   — Ubicación de la promoción: Casco urbano, zona de ensanche o periferia.
   — Índice de centralidad: (Ic) en base a la distancia al centro urbano.

2. *Morfología:*
   — Superficie de suelo de la promoción. Ocupación por usos: residencial, comercial, dotacional, espacios públicos (aparcamiento, viario, espacios libres).
   — N.º de habitantes del sector y su relación con la pirámide de edad y el n.º de habitantes del municipio.
   — N.º total de viviendas protegidas del sector y del municipio.
   — Densidad = n.º de viviendas/ Ha.
   — Superficie/vivienda.
   — Tipología edificatoria:
     • Bloque aislado ( H o lineal).
     • Manzana cerrada.
     • Unifamiliar en hileras.
     • Unifamiliar aislada.
     • Viviendas pareadas.
   — Altura de la edificación (≤ baja + 5 plantas/ > baja + 5 plantas), importante para determinar la eficiencia y sostenibilidad de los sistemas generales.

3. *Movilidad:*
   — Calidad del transporte público metropolitano.
   — Aparcamientos públicos y privados en superficie y cubierto o bajo rasante.

4. *Dotaciones:*
   — Presencia o ausencia de las dotaciones de carácter general y local, educativas, socioculturales, deportivas y sanitarias.
   — Parques y jardines.

5. *Accesibilidad:*
   — Los espacios pueden medirse y clasificarse como: Accesibles, Practicables o Convertibles.
   — Cercanía y localización de las dotaciones:
     • Cercanía a centro de salud.
     • Cercanía a colegio.
     • Cercanía a instalaciones deportivas.
     • Cercanía a espacio verde.

6. *Sostenibilidad Urbana:*
   — Metabolismo urbano:
     • Residuos sólidos urbanos, contenedores selectivos.
     • Autosuficiencia hídrica.

— Calidad ambiental:
  • Nivel sonoro.
  • Contaminación del aire (industria, autovías...), contaminación de cauces...

## 2.2. Dimensión arquitectónica

La vivienda es entendida como parte del hogar de las familias. Las características de las viviendas, por tanto, podrán contribuir a su adecuación e integración socio-espacial. Se entiende que diferentes calidades, tamaños, equipamientos, etc. de viviendas en el mismo entorno, podrían marcar socialmente a las familias que las ocupan, e iniciar (o alimentar) un etiquetaje social de sus inquilinos.

La operacionalización de esta dimensión se realizó mediante una dinámica similar a la de la anterior dimensión (dimensión urbanística). Así, los participantes en esta dimensión fueron el Colegio Oficial de Arquitectos de Huelva y arquitectos/as de las Direcciones Provinciales de AVRA; y los indicadores:

1. *Vida Útil:*
   — Vida útil: 0-100 años. Nueva construcción (10) ≥10 años ≥20 años ≥50 años.
   — Estado actual: precisa rehabilitación urgente (0)- magnífico estado (10).
   — Inspección técnica de edificios (ITE) (>10 años)/ Informe de Evaluación del Edificio (IEE): Si/No.
2. *Parámetros Edificatorios:*
   — Edificabilidad.
   — Volumen, altura y superficie.
   — Ocupación del suelo.
3. *Programa:*
   — N.º viviendas / dormitorio.
   — Superficies construidas.
4. *Calidad Arquitectónica:*
   — Cumplimiento del CTE.
   — Coste de la construcción/comparativa con los módulos de las bases de datos oficiales.
   — Desviaciones presupuestarias respecto al proyecto/ n.º de sustitución de técnicos y/o empresas constructoras, etc.
   — N.º de intervenciones públicas o privadas en materia de rehabilitación.